全国人民代表大会常务委员会公报版

中华人民共和国
海洋环境保护法

（最新修订本）

中国民主法制出版社

图书在版编目（CIP）数据

中华人民共和国海洋环境保护法：最新修订本/全国人大常委会办公厅供稿.—北京：中国民主法制出版社，2023.10

ISBN 978-7-5162-3428-0

Ⅰ.①中… Ⅱ.①全… Ⅲ.①海洋环境保护法—中国 Ⅳ.①D922.68

中国国家版本馆 CIP 数据核字（2023）第 202282 号

书名/中华人民共和国海洋环境保护法

出版·发行/中国民主法制出版社
地址/北京市丰台区右安门外玉林里 7 号（100069）
电话/（010）63055259（总编室） 63058068 63057714（营销中心）
传真/（010）63055259
http：//www.npcpub.com
E-mail：mzfz@npcpub.com
经销/新华书店
开本/32 开 850 毫米×1168 毫米
印张/2.375 **字数**/39 千字
版本/2023 年 10 月第 1 版 2023 年 10 月第 1 次印刷
印刷/廊坊市海涛印刷有限公司

书号/ISBN 978-7-5162-3428-0
定价/12.00 元
出版声明/版权所有，侵权必究。

（如有缺页或倒装，本社负责退换）

目 录

中华人民共和国主席令（第十二号）……………（1）

中华人民共和国海洋环境保护法……………（3）

关于《中华人民共和国海洋环境保护法
（修订草案）》的说明……………………（47）

全国人民代表大会宪法和法律委员会关于
《中华人民共和国海洋环境保护法（修订草案）》
修改情况的汇报……………………………（57）

全国人民代表大会宪法和法律委员会关于
《中华人民共和国海洋环境保护法（修订草案）》
审议结果的报告……………………（63）

全国人民代表大会宪法和法律委员会关于
《中华人民共和国海洋环境保护法
（修订草案三次审议稿）》修改意见的报告 …（68）

中华人民共和国主席令

第十二号

《中华人民共和国海洋环境保护法》已由中华人民共和国第十四届全国人民代表大会常务委员会第六次会议于2023年10月24日修订通过，现予公布，自2024年1月1日起施行。

中华人民共和国主席　习近平
2023年10月24日

中华人民共和国海洋环境保护法

（1982年8月23日第五届全国人民代表大会常务委员会第二十四次会议通过　1999年12月25日第九届全国人民代表大会常务委员会第十三次会议第一次修订　根据2013年12月28日第十二届全国人民代表大会常务委员会第六次会议《关于修改〈中华人民共和国海洋环境保护法〉等七部法律的决定》第一次修正　根据2016年11月7日第十二届全国人民代表大会常务委员会第二十四次会议《关于修改〈中华人民共和国海洋环境保护法〉的决定》第二次修正　根据2017年11月4日第十二届全国人民代表大会常务委员会第三十次会议《关于修改〈中华人民共和国会计法〉等十一部法律的决定》第三次修正　2023年10月24日第十四届全国人民代表大会常务委员会第六次会议第二次修订）

目 录

第一章 总 则
第二章 海洋环境监督管理
第三章 海洋生态保护
第四章 陆源污染物污染防治
第五章 工程建设项目污染防治
第六章 废弃物倾倒污染防治
第七章 船舶及有关作业活动污染防治
第八章 法律责任
第九章 附 则

第一章 总 则

第一条 为了保护和改善海洋环境，保护海洋资源，防治污染损害，保障生态安全和公众健康，维护国家海洋权益，建设海洋强国，推进生态文明建设，促进经济社会可持续发展，实现人与自然和谐共生，根据宪法，制定本法。

第二条 本法适用于中华人民共和国管辖海域。

在中华人民共和国管辖海域内从事航行、勘探、开发、生产、旅游、科学研究及其他活动，或者在沿海陆域内从事影响海洋环境活动的任何单位和个人，应当遵守本法。

在中华人民共和国管辖海域以外，造成中华人民共和国管辖海域环境污染、生态破坏的，适用本法相关规定。

第三条 海洋环境保护应当坚持保护优先、预防为主、源头防控、陆海统筹、综合治理、公众参与、损害担责的原则。

第四条 国务院生态环境主管部门负责全国海洋环境的监督管理，负责全国防治陆源污染物、海岸工程和海洋工程建设项目（以下称工程建设项目）、海洋倾倒废弃物对海洋环境污染损害的环境保护工作，指导、协调和监督全国海洋生态保护修复工作。

国务院自然资源主管部门负责海洋保护和开发利用的监督管理，负责全国海洋生态、海域海岸线和海岛的修复工作。

国务院交通运输主管部门负责所辖港区水域内非军事船舶和港区水域外非渔业、非军事船舶污染海洋环境的监督管理，组织、协调、指挥重大海上溢油应急处置。海事管理机构具体负责上述水域内相关船舶污染海洋环境的监督管理，并负责污染事故的调查处理；对在中华人民共和国管辖海域航行、停泊和作业的外国籍船舶造成的污染事故登轮检查处理。船舶污染事故给渔业造成损害的，应当吸收渔业主管部门参与调查处理。

国务院渔业主管部门负责渔港水域内非军事船舶和

渔港水域外渔业船舶污染海洋环境的监督管理，负责保护渔业水域生态环境工作，并调查处理前款规定的污染事故以外的渔业污染事故。

国务院发展改革、水行政、住房和城乡建设、林业和草原等部门在各自职责范围内负责有关行业、领域涉及的海洋环境保护工作。

海警机构在职责范围内对海洋工程建设项目、海洋倾倒废弃物对海洋环境污染损害、自然保护地海岸线向海一侧保护利用等活动进行监督检查，查处违法行为，按照规定权限参与海洋环境污染事故的应急处置和调查处理。

军队生态环境保护部门负责军事船舶污染海洋环境的监督管理及污染事故的调查处理。

第五条 沿海县级以上地方人民政府对其管理海域的海洋环境质量负责。

国家实行海洋环境保护目标责任制和考核评价制度，将海洋环境保护目标完成情况纳入考核评价的内容。

第六条 沿海县级以上地方人民政府可以建立海洋环境保护区域协作机制，组织协调其管理海域的环境保护工作。

跨区域的海洋环境保护工作，由有关沿海地方人民政府协商解决，或者由上级人民政府协调解决。

跨部门的重大海洋环境保护工作，由国务院生态环境主管部门协调；协调未能解决的，由国务院作出决定。

第七条 国务院和沿海县级以上地方人民政府应当将海洋环境保护工作纳入国民经济和社会发展规划，按照事权和支出责任划分原则，将海洋环境保护工作所需经费纳入本级政府预算。

第八条 各级人民政府及其有关部门应当加强海洋环境保护的宣传教育和知识普及工作，增强公众海洋环境保护意识，引导公众依法参与海洋环境保护工作；鼓励基层群众性自治组织、社会组织、志愿者等开展海洋环境保护法律法规和知识的宣传活动；按照职责分工依法公开海洋环境相关信息。

新闻媒体应当采取多种形式开展海洋环境保护的宣传报道，并对违法行为进行舆论监督。

第九条 任何单位和个人都有保护海洋环境的义务，并有权对污染海洋环境、破坏海洋生态的单位和个人，以及海洋环境监督管理人员的违法行为进行监督和检举。

从事影响海洋环境活动的任何单位和个人，都应当采取有效措施，防止、减轻海洋环境污染、生态破坏。排污者应当依法公开排污信息。

第十条 国家鼓励、支持海洋环境保护科学技术研究、开发和应用，促进海洋环境保护信息化建设，加强海洋环境保护专业技术人才培养，提高海洋环境保护科学技术水平。

国家鼓励、支持海洋环境保护国际交流与合作。

第十一条 对在海洋环境保护工作中做出显著成绩的单位和个人,按照国家有关规定给予表彰和奖励。

第二章 海洋环境监督管理

第十二条 国家实施陆海统筹、区域联动的海洋环境监督管理制度,加强规划、标准、监测等监督管理制度的衔接协调。

各级人民政府及其有关部门应当加强海洋环境监督管理能力建设,提高海洋环境监督管理科技化、信息化水平。

第十三条 国家优先将生态功能极重要、生态极敏感脆弱的海域划入生态保护红线,实行严格保护。

开发利用海洋资源或者从事影响海洋环境的建设活动,应当根据国土空间规划科学合理布局,严格遵守国土空间用途管制要求,严守生态保护红线,不得造成海洋生态环境的损害。沿海地方各级人民政府应当根据国土空间规划,保护和科学合理地使用海域。沿海省、自治区、直辖市人民政府应当加强对生态保护红线内人为活动的监督管理,定期评估保护成效。

国务院有关部门、沿海设区的市级以上地方人民政府及其有关部门,对其组织编制的国土空间规划和相关规划，应当依法进行包括海洋环境保护内容在内的环境影响评价。

第十四条　国务院生态环境主管部门会同有关部门、机构和沿海省、自治区、直辖市人民政府制定全国海洋生态环境保护规划，报国务院批准后实施。全国海洋生态环境保护规划应当与全国国土空间规划相衔接。

沿海地方各级人民政府应当根据全国海洋生态环境保护规划，组织实施其管理海域的海洋环境保护工作。

第十五条　沿海省、自治区、直辖市人民政府应当根据其管理海域的生态环境和资源利用状况，将其管理海域纳入生态环境分区管控方案和生态环境准入清单，报国务院生态环境主管部门备案后实施。生态环境分区管控方案和生态环境准入清单应当与国土空间规划相衔接。

第十六条　国务院生态环境主管部门根据海洋环境质量状况和国家经济、技术条件，制定国家海洋环境质量标准。

沿海省、自治区、直辖市人民政府对国家海洋环境质量标准中未作规定的项目，可以制定地方海洋环境质量标准；对国家海洋环境质量标准中已作规定的项目，可以制定严于国家海洋环境质量标准的地方海洋环境质量标准。地方海洋环境质量标准应当报国务院生态环境主管部门备案。

国家鼓励开展海洋环境基准研究。

第十七条 制定海洋环境质量标准，应当征求有关部门、行业协会、企业事业单位、专家和公众等的意见，提高海洋环境质量标准的科学性。

海洋环境质量标准应当定期评估，并根据评估结果适时修订。

第十八条 国家和有关地方水污染物排放标准的制定，应当将海洋环境质量标准作为重要依据之一。

对未完成海洋环境保护目标的海域，省级以上人民政府生态环境主管部门暂停审批新增相应种类污染物排放总量的建设项目环境影响报告书（表），会同有关部门约谈该地区人民政府及其有关部门的主要负责人，要求其采取有效措施及时整改，约谈和整改情况应当向社会公开。

第十九条 国家加强海洋环境质量管控，推进海域综合治理，严格海域排污许可管理，提升重点海域海洋环境质量。

需要直接向海洋排放工业废水、医疗污水的海岸工程和海洋工程单位，城镇污水集中处理设施的运营单位及其他企业事业单位和生产经营者，应当依法取得排污许可证。排污许可的管理按照国务院有关规定执行。

实行排污许可管理的企业事业单位和其他生产经营者应当执行排污许可证关于排放污染物的种类、浓度、排放量、排放方式、排放去向和自行监测等要求。

禁止通过私设暗管或者篡改、伪造监测数据，以及不正常运行污染防治设施等逃避监管的方式向海洋排放污染物。

第二十条 国务院生态环境主管部门根据海洋环境状况和质量改善要求，会同国务院发展改革、自然资源、住房和城乡建设、交通运输、水行政、渔业等部门和海警机构，划定国家环境治理重点海域及其控制区域，制定综合治理行动方案，报国务院批准后实施。

沿海设区的市级以上地方人民政府应当根据综合治理行动方案，制定其管理海域的实施方案，因地制宜采取特别管控措施，开展综合治理，协同推进重点海域治理与美丽海湾建设。

第二十一条 直接向海洋排放应税污染物的企业事业单位和其他生产经营者，应当依照法律规定缴纳环境保护税。

向海洋倾倒废弃物，应当按照国家有关规定缴纳倾倒费。具体办法由国务院发展改革部门、国务院财政主管部门会同国务院生态环境主管部门制定。

第二十二条 国家加强防治海洋环境污染损害的科学技术的研究和开发，对严重污染海洋环境的落后生产工艺和落后设备，实行淘汰制度。

企业事业单位和其他生产经营者应当优先使用清洁低碳能源，采用资源利用率高、污染物排放量少的清洁生产工艺，防止对海洋环境的污染。

第二十三条 国务院生态环境主管部门负责海洋生

态环境监测工作，制定海洋生态环境监测规范和标准并监督实施，组织实施海洋生态环境质量监测，统一发布国家海洋生态环境状况公报，定期组织对海洋生态环境质量状况进行调查评价。

国务院自然资源主管部门组织开展海洋资源调查和海洋生态预警监测，发布海洋生态预警监测警报和公报。

其他依照本法规定行使海洋环境监督管理权的部门和机构应当按照职责分工开展监测、监视。

第二十四条 国务院有关部门和海警机构应当向国务院生态环境主管部门提供编制国家海洋生态环境状况公报所必需的入海河口和海洋环境监测、调查、监视等方面的资料。

生态环境主管部门应当向有关部门和海警机构提供与海洋环境监督管理有关的资料。

第二十五条 国务院生态环境主管部门会同有关部门和机构通过智能化的综合信息系统，为海洋环境保护监督管理、信息共享提供服务。

国务院有关部门、海警机构和沿海县级以上地方人民政府及其有关部门应当按照规定，推进综合监测、协同监测和常态化监测，加强监测数据、执法信息等海洋环境管理信息共享，提高海洋环境保护综合管理水平。

第二十六条 国家加强海洋辐射环境监测，国务院生态环境主管部门负责制定海洋辐射环境应急监测方案并组织实施。

第二十七条 因发生事故或者其他突发性事件,造成或者可能造成海洋环境污染、生态破坏事件的单位和个人,应当立即采取有效措施解除或者减轻危害,及时向可能受到危害者通报,并向依照本法规定行使海洋环境监督管理权的部门和机构报告,接受调查处理。

沿海县级以上地方人民政府在本行政区域近岸海域的生态环境受到严重损害时,应当采取有效措施,解除或者减轻危害。

第二十八条 国家根据防止海洋环境污染的需要,制定国家重大海上污染事件应急预案,建立健全海上溢油污染等应急机制,保障应对工作的必要经费。

国家建立重大海上溢油应急处置部际联席会议制度。国务院交通运输主管部门牵头组织编制国家重大海上溢油应急处置预案并组织实施。

国务院生态环境主管部门负责制定全国海洋石油勘探开发海上溢油污染事件应急预案并组织实施。

国家海事管理机构负责制定全国船舶重大海上溢油污染事件应急预案,报国务院生态环境主管部门、国务院应急管理部门备案。

沿海县级以上地方人民政府及其有关部门应当制定有关应急预案,在发生海洋突发环境事件时,及时启动应急预案,采取有效措施,解除或者减轻危害。

可能发生海洋突发环境事件的单位,应当按照有关规定,制定本单位的应急预案,配备应急设备和器材,定期组织开展应急演练;应急预案应当向依照本法规定行使海洋环境监督管理权的部门和机构备案。

第二十九条 依照本法规定行使海洋环境监督管理权的部门和机构,有权对从事影响海洋环境活动的单位和个人进行现场检查;在巡航监视中发现违反本法规定的行为时,应当予以制止并调查取证,必要时有权采取有效措施,防止事态扩大,并报告有关部门或者机构处理。

被检查者应当如实反映情况,提供必要的资料。检查者应当依法为被检查者保守商业秘密、个人隐私和个人信息。

依照本法规定行使海洋环境监督管理权的部门和机构可以在海上实行联合执法。

第三十条 造成或者可能造成严重海洋环境污染、生态破坏的,或者有关证据可能灭失或者被隐匿的,依照本法规定行使海洋环境监督管理权的部门和机构可以查封、扣押有关船舶、设施、设备、物品。

第三十一条 在中华人民共和国管辖海域以外,造成或者可能造成中华人民共和国管辖海域环境污染、生态破坏的,有关部门和机构有权采取必要的措施。

第三十二条 国务院生态环境主管部门会同有关部门和机构建立向海洋排放污染物、从事废弃物海洋倾倒、从事海洋生态环境治理和服务的企业事业单位和其他生产经营者信用记录与评价应用制度，将相关信用记录纳入全国公共信用信息共享平台。

第三章　海洋生态保护

第三十三条　国家加强海洋生态保护，提升海洋生态系统质量和多样性、稳定性、持续性。

国务院和沿海地方各级人民政府应当采取有效措施，重点保护红树林、珊瑚礁、海藻场、海草床、滨海湿地、海岛、海湾、入海河口、重要渔业水域等具有典型性、代表性的海洋生态系统，珍稀濒危海洋生物的天然集中分布区，具有重要经济价值的海洋生物生存区域及有重大科学文化价值的海洋自然遗迹和自然景观。

第三十四条　国务院和沿海省、自治区、直辖市人民政府及其有关部门根据保护海洋的需要，依法将重要的海洋生态系统、珍稀濒危海洋生物的天然集中分布区、海洋自然遗迹和自然景观集中分布区等区域纳入国家公园、自然保护区或者自然公园等自然保护地。

第三十五条　国家建立健全海洋生态保护补偿制度。

国务院和沿海省、自治区、直辖市人民政府应当通过转移支付、产业扶持等方式支持开展海洋生态保护补偿。

沿海地方各级人民政府应当落实海洋生态保护补偿资金，确保其用于海洋生态保护补偿。

第三十六条　国家加强海洋生物多样性保护，健全海洋生物多样性调查、监测、评估和保护体系，维护和修复重要海洋生态廊道，防止对海洋生物多样性的破坏。

开发利用海洋和海岸带资源，应当对重要海洋生态系统、生物物种、生物遗传资源实施有效保护，维护海洋生物多样性。

引进海洋动植物物种，应当进行科学论证，避免对海洋生态系统造成危害。

第三十七条　国家鼓励科学开展水生生物增殖放流，支持科学规划，因地制宜采取投放人工鱼礁和种植海藻场、海草床、珊瑚等措施，恢复海洋生物多样性，修复改善海洋生态。

第三十八条　开发海岛及周围海域的资源，应当采取严格的生态保护措施，不得造成海岛地形、岸滩、植被和海岛周围海域生态环境的损害。

第三十九条　国家严格保护自然岸线，建立健全自然岸线控制制度。沿海省、自治区、直辖市人民政府负责划定严格保护岸线的范围并发布。

沿海地方各级人民政府应当加强海岸线分类保护与利用，保护修复自然岸线，促进人工岸线生态化，维护岸线岸滩稳定平衡，因地制宜、科学合理划定海岸建筑退缩线。

禁止违法占用、损害自然岸线。

第四十条 国务院水行政主管部门确定重要入海河流的生态流量管控指标，应当征求并研究国务院生态环境、自然资源等部门的意见。确定生态流量管控指标，应当进行科学论证，综合考虑水资源条件、气候状况、生态环境保护要求、生活生产用水状况等因素。

入海河口所在地县级以上地方人民政府及其有关部门按照河海联动的要求，制定实施河口生态修复和其他保护措施方案，加强对水、沙、盐、潮滩、生物种群、河口形态的综合监测，采取有效措施防止海水入侵和倒灌，维护河口良好生态功能。

第四十一条 沿海地方各级人民政府应当结合当地自然环境的特点，建设海岸防护设施、沿海防护林、沿海城镇园林和绿地，对海岸侵蚀和海水入侵地区进行综合治理。

禁止毁坏海岸防护设施、沿海防护林、沿海城镇园林和绿地。

第四十二条 对遭到破坏的具有重要生态、经济、社会价值的海洋生态系统，应当进行修复。海洋生态修复应当以改善生境、恢复生物多样性和生态系统基本功能为重点，以自然恢复为主、人工修复为辅，并优先修复具有典型性、代表性的海洋生态系统。

国务院自然资源主管部门负责统筹海洋生态修复，

牵头组织编制海洋生态修复规划并实施有关海洋生态修复重大工程。编制海洋生态修复规划，应当进行科学论证评估。

国务院自然资源、生态环境等部门应当按照职责分工开展修复成效监督评估。

第四十三条 国务院自然资源主管部门负责开展全国海洋生态灾害预防、风险评估和隐患排查治理。

沿海县级以上地方人民政府负责其管理海域的海洋生态灾害应对工作，采取必要的灾害预防、处置和灾后恢复措施，防止和减轻灾害影响。

企业事业单位和其他生产经营者应当采取必要应对措施，防止海洋生态灾害扩大。

第四十四条 国家鼓励发展生态渔业，推广多种生态渔业生产方式，改善海洋生态状况，保护海洋环境。

沿海县级以上地方人民政府应当因地制宜编制并组织实施养殖水域滩涂规划，确定可以用于养殖业的水域和滩涂，科学划定海水养殖禁养区、限养区和养殖区，建立禁养区内海水养殖的清理和退出机制。

第四十五条 从事海水养殖活动应当保护海域环境，科学确定养殖规模和养殖密度，合理投饵、投肥，正确使用药物，及时规范收集处理固体废物，防止造成海洋生态环境的损害。

禁止在氮磷浓度严重超标的近岸海域新增或者扩大投饵、投肥海水养殖规模。

向海洋排放养殖尾水污染物等应当符合污染物排放标准。沿海省、自治区、直辖市人民政府应当制定海水养殖污染物排放相关地方标准，加强养殖尾水污染防治的监督管理。

工厂化养殖和设置统一排污口的集中连片养殖的排污单位，应当按照有关规定对养殖尾水自行监测。

第四章　陆源污染物污染防治

第四十六条　向海域排放陆源污染物，应当严格执行国家或者地方规定的标准和有关规定。

第四十七条　入海排污口位置的选择，应当符合国土空间用途管制要求，根据海水动力条件和有关规定，经科学论证后，报设区的市级以上人民政府生态环境主管部门备案。排污口的责任主体应当加强排污口监测，按照规定开展监控和自动监测。

生态环境主管部门应当在完成备案后十五个工作日内将入海排污口设置情况通报自然资源、渔业等部门和海事管理机构、海警机构、军队生态环境保护部门。

沿海县级以上地方人民政府应当根据排污口类别、责任主体，组织有关部门对本行政区域内各类入海排污口进行排查整治和日常监督管理，建立健全近岸水体、入海排污口、排污管线、污染源全链条治理体系。

国务院生态环境主管部门负责制定入海排污口设置

和管理的具体办法，制定入海排污口技术规范，组织建设统一的入海排污口信息平台，加强动态更新、信息共享和公开。

第四十八条 禁止在自然保护地、重要渔业水域、海水浴场、生态保护红线区域及其他需要特别保护的区域，新设工业排污口和城镇污水处理厂排污口；法律、行政法规另有规定的除外。

在有条件的地区，应当将排污口深水设置，实行离岸排放。

第四十九条 经开放式沟（渠）向海洋排放污染物的，对开放式沟（渠）按照国家和地方的有关规定、标准实施水环境质量管理。

第五十条 国务院有关部门和县级以上地方人民政府及其有关部门应当依照水污染防治有关法律、行政法规的规定，加强入海河流管理，协同推进入海河流污染防治，使入海河口的水质符合入海河口环境质量相关要求。

入海河流流域省、自治区、直辖市人民政府应当按照国家有关规定，加强入海总氮、总磷排放的管控，制定控制方案并组织实施。

第五十一条 禁止向海域排放油类、酸液、碱液、剧毒废液。

禁止向海域排放污染海洋环境、破坏海洋生态的放射性废水。

严格控制向海域排放含有不易降解的有机物和重金属的废水。

第五十二条 含病原体的医疗污水、生活污水和工业废水应当经过处理，符合国家和地方有关排放标准后，方可排入海域。

第五十三条 含有机物和营养物质的工业废水、生活污水，应当严格控制向海湾、半封闭海及其他自净能力较差的海域排放。

第五十四条 向海域排放含热废水，应当采取有效措施，保证邻近自然保护地、渔业水域的水温符合国家和地方海洋环境质量标准，避免热污染对珍稀濒危海洋生物、海洋水产资源造成危害。

第五十五条 沿海地方各级人民政府应当加强农业面源污染防治。沿海农田、林场施用化学农药，应当执行国家农药安全使用的规定和标准。沿海农田、林场应当合理使用化肥和植物生长调节剂。

第五十六条 在沿海陆域弃置、堆放和处理尾矿、矿渣、煤灰渣、垃圾和其他固体废物的，依照《中华人民共和国固体废物污染环境防治法》的有关规定执行，并采取有效措施防止固体废物进入海洋。

禁止在岸滩弃置、堆放和处理固体废物；法律、行政法规另有规定的除外。

第五十七条 沿海县级以上地方人民政府负责其管理海域的海洋垃圾污染防治，建立海洋垃圾监测、清理制度，统筹规划建设陆域接收、转运、处理海洋垃圾的设施，明确有关部门、乡镇、街道、企业事业单位等的海洋垃圾管控区域，建立海洋垃圾监测、拦截、收集、打捞、运输、处理体系并组织实施，采取有效措施鼓励、支持公众参与上述活动。国务院生态环境、住房和城乡建设、发展改革等部门应当按照职责分工加强海洋垃圾污染防治的监督指导和保障。

第五十八条 禁止经中华人民共和国内水、领海过境转移危险废物。

经中华人民共和国管辖的其他海域转移危险废物的，应当事先取得国务院生态环境主管部门的书面同意。

第五十九条 沿海县级以上地方人民政府应当建设和完善排水管网，根据改善海洋环境质量的需要建设城镇污水处理厂和其他污水处理设施，加强城乡污水处理。

建设污水海洋处置工程，应当符合国家有关规定。

第六十条 国家采取必要措施，防止、减少和控制来自大气层或者通过大气层造成的海洋环境污染损害。

第五章　工程建设项目污染防治

第六十一条 新建、改建、扩建工程建设项目，应当遵守国家有关建设项目环境保护管理的规定，并把污染防治和生态保护所需资金纳入建设项目投资计划。

禁止在依法划定的自然保护地、重要渔业水域及其他需要特别保护的区域，违法建设污染环境、破坏生态的工程建设项目或者从事其他活动。

第六十二条 工程建设项目应当按照国家有关建设项目环境影响评价的规定进行环境影响评价。未依法进行并通过环境影响评价的建设项目，不得开工建设。

环境保护设施应当与主体工程同时设计、同时施工、同时投产使用。环境保护设施应当符合经批准的环境影响评价报告书（表）的要求。建设单位应当依照有关法律法规的规定，对环境保护设施进行验收，编制验收报告，并向社会公开。环境保护设施未经验收或者经验收不合格的，建设项目不得投入生产或者使用。

第六十三条 禁止在沿海陆域新建不符合国家产业政策的化学制浆造纸、化工、印染、制革、电镀、酿造、炼油、岸边冲滩拆船及其他严重污染海洋环境的生产项目。

第六十四条 新建、改建、扩建工程建设项目，应当采取有效措施，保护国家和地方重点保护的野生动植物及其生存环境，保护海洋水产资源，避免或者减轻对海洋生物的影响。

禁止在严格保护岸线范围内开采海砂。依法在其他区域开发利用海砂资源，应当采取严格措施，保护海洋环境。载运海砂资源应当持有合法来源证明；海砂开采者应当为载运海砂的船舶提供合法来源证明。

从岸上打井开采海底矿产资源，应当采取有效措施，防止污染海洋环境。

第六十五条 工程建设项目不得使用含超标准放射性物质或者易溶出有毒有害物质的材料；不得造成领海基点及其周围环境的侵蚀、淤积和损害，不得危及领海基点的稳定。

第六十六条 工程建设项目需要爆破作业时，应当采取有效措施，保护海洋环境。

海洋石油勘探开发及输油过程中，应当采取有效措施，避免溢油事故的发生。

第六十七条 工程建设项目不得违法向海洋排放污染物、废弃物及其他有害物质。

海洋油气钻井平台（船）、生产生活平台、生产储卸装置等海洋油气装备的含油污水和油性混合物，应当经过处理达标后排放；残油、废油应当予以回收，不得排放入海。

钻井所使用的油基泥浆和其他有毒复合泥浆不得排放入海。水基泥浆和无毒复合泥浆及钻屑的排放，应当符合国家有关规定。

第六十八条 海洋油气钻井平台（船）、生产生活平台、生产储卸装置等海洋油气装备及其有关海上设施，不得向海域处置含油的工业固体废物。处置其他固体废物，不得造成海洋环境污染。

第六十九条 海上试油时，应当确保油气充分燃烧，油和油性混合物不得排放入海。

第七十条 勘探开发海洋油气资源，应当按照有关规定编制油气污染应急预案，报国务院生态环境主管部门海域派出机构备案。

第六章 废弃物倾倒污染防治

第七十一条 任何个人和未经批准的单位，不得向中华人民共和国管辖海域倾倒任何废弃物。

需要倾倒废弃物的，产生废弃物的单位应当向国务院生态环境主管部门海域派出机构提出书面申请，并出具废弃物特性和成分检验报告，取得倾倒许可证后，方可倾倒。

国家鼓励疏浚物等废弃物的综合利用，避免或者减少海洋倾倒。

禁止中华人民共和国境外的废弃物在中华人民共和国管辖海域倾倒。

第七十二条 国务院生态环境主管部门根据废弃物的毒性、有毒物质含量和对海洋环境影响程度，制定海洋倾倒废弃物评价程序和标准。

可以向海洋倾倒的废弃物名录，由国务院生态环境主管部门制定。

第七十三条 国务院生态环境主管部门会同国务院

自然资源主管部门编制全国海洋倾倒区规划，并征求国务院交通运输、渔业等部门和海警机构的意见，报国务院批准。

国务院生态环境主管部门根据全国海洋倾倒区规划，按照科学、合理、经济、安全的原则及时选划海洋倾倒区，征求国务院交通运输、渔业等部门和海警机构的意见，并向社会公告。

第七十四条　国务院生态环境主管部门组织开展海洋倾倒区使用状况评估，根据评估结果予以调整、暂停使用或者封闭海洋倾倒区。

海洋倾倒区的调整、暂停使用和封闭情况，应当通报国务院有关部门、海警机构并向社会公布。

第七十五条　获准和实施倾倒废弃物的单位，应当按照许可证注明的期限及条件，到指定的区域进行倾倒。倾倒作业船舶等载运工具应当安装使用符合要求的海洋倾倒在线监控设备，并与国务院生态环境主管部门监管系统联网。

第七十六条　获准和实施倾倒废弃物的单位，应当按照规定向颁发许可证的国务院生态环境主管部门海域派出机构报告倾倒情况。倾倒废弃物的船舶应当向驶出港的海事管理机构、海警机构作出报告。

第七十七条　禁止在海上焚烧废弃物。

禁止在海上处置污染海洋环境、破坏海洋生态的放射性废物或者其他放射性物质。

第七十八条　获准倾倒废弃物的单位委托实施废弃物海洋倾倒作业的，应当对受托单位的主体资格、技术能力和信用状况进行核实，依法签订书面合同，在合同中约定污染防治与生态保护要求，并监督实施。

受托单位实施废弃物海洋倾倒作业，应当依照有关法律法规的规定和合同约定，履行污染防治和生态保护要求。

获准倾倒废弃物的单位违反本条第一款规定的，除依照有关法律法规的规定予以处罚外，还应当与造成环境污染、生态破坏的受托单位承担连带责任。

第七章　船舶及有关作业活动污染防治

第七十九条　在中华人民共和国管辖海域，任何船舶及相关作业不得违法向海洋排放船舶垃圾、生活污水、含油污水、含有毒有害物质污水、废气等污染物，废弃物，压载水和沉积物及其他有害物质。

船舶应当按照国家有关规定采取有效措施，对压载水和沉积物进行处理处置，严格防控引入外来有害生物。

从事船舶污染物、废弃物接收和船舶清舱、洗舱作业活动的，应当具备相应的接收处理能力。

第八十条　船舶应当配备相应的防污设备和器材。

船舶的结构、配备的防污设备和器材应当符合国家防治船舶污染海洋环境的有关规定,并经检验合格。

船舶应当取得并持有防治海洋环境污染的证书与文书,在进行涉及船舶污染物、压载水和沉积物排放及操作时,应当按照有关规定监测、监控,如实记录并保存。

第八十一条 船舶应当遵守海上交通安全法律、法规的规定,防止因碰撞、触礁、搁浅、火灾或者爆炸等引起的海难事故,造成海洋环境的污染。

第八十二条 国家完善并实施船舶油污损害民事赔偿责任制度;按照船舶油污损害赔偿责任由船东和货主共同承担风险的原则,完善并实施船舶油污保险、油污损害赔偿基金制度,具体办法由国务院规定。

第八十三条 载运具有污染危害性货物进出港口的船舶,其承运人、货物所有人或者代理人,应当事先向海事管理机构申报。经批准后,方可进出港口或者装卸作业。

第八十四条 交付船舶载运污染危害性货物的,托运人应当将货物的正式名称、污染危害性以及应当采取的防护措施如实告知承运人。污染危害性货物的单证、包装、标志、数量限制等,应当符合对所交付货物的有关规定。

需要船舶载运污染危害性不明的货物,应当按照有关规定事先进行评估。

装卸油类及有毒有害货物的作业,船岸双方应当遵守安全防污操作规程。

第八十五条 港口、码头、装卸站和船舶修造拆解单位所在地县级以上地方人民政府应当统筹规划建设船舶污染物等的接收、转运、处理处置设施，建立相应的接收、转运、处理处置多部门联合监管制度。

沿海县级以上地方人民政府负责对其管理海域的渔港和渔业船舶停泊点及周边区域污染防治的监督管理，规范生产生活污水和渔业垃圾回收处置，推进污染防治设备建设和环境清理整治。

港口、码头、装卸站和船舶修造拆解单位应当按照有关规定配备足够的用于处理船舶污染物、废弃物的接收设施，使该设施处于良好状态并有效运行。

装卸油类等污染危害性货物的港口、码头、装卸站和船舶应当编制污染应急预案，并配备相应的污染应急设备和器材。

第八十六条 国家海事管理机构组织制定中国籍船舶禁止或者限制安装和使用的有害材料名录。

船舶修造单位或者船舶所有人、经营人或者管理人应当在船上备有有害材料清单，在船舶建造、营运和维修过程中持续更新，并在船舶拆解前提供给从事船舶拆解的单位。

第八十七条 从事船舶拆解的单位，应当采取有效的污染防治措施，在船舶拆解前将船舶污染物减至最小量，对拆解产生的船舶污染物、废弃物和其他有害物质进行安全与环境无害化处置。拆解的船舶部件不得进入水体。

禁止采取冲滩方式进行船舶拆解作业。

第八十八条 国家倡导绿色低碳智能航运,鼓励船舶使用新能源或者清洁能源,淘汰高耗能高排放老旧船舶,减少温室气体和大气污染物的排放。沿海县级以上地方人民政府应当制定港口岸电、船舶受电等设施建设和改造计划,并组织实施。港口岸电设施的供电能力应当与靠港船舶的用电需求相适应。

船舶应当按照国家有关规定采取有效措施提高能效水平。具备岸电使用条件的船舶靠港应当按照国家有关规定使用岸电,但是使用清洁能源的除外。具备岸电供应能力的港口经营人、岸电供电企业应当按照国家有关规定为具备岸电使用条件的船舶提供岸电。

国务院和沿海县级以上地方人民政府对港口岸电设施、船舶受电设施的改造和使用,清洁能源或者新能源动力船舶建造等按照规定给予支持。

第八十九条 船舶及有关作业活动应当遵守有关法律法规和标准,采取有效措施,防止造成海洋环境污染。海事管理机构等应当加强对船舶及有关作业活动的监督管理。

船舶进行散装液体污染危害性货物的过驳作业,应当编制作业方案,采取有效的安全和污染防治措施,并事先按照有关规定报经批准。

第九十条 船舶发生海难事故，造成或者可能造成海洋环境重大污染损害的，国家海事管理机构有权强制采取避免或者减少污染损害的措施。

对在公海上因发生海难事故，造成中华人民共和国管辖海域重大污染损害后果或者具有污染威胁的船舶、海上设施，国家海事管理机构有权采取与实际的或者可能发生的损害相称的必要措施。

第九十一条 所有船舶均有监视海上污染的义务，在发现海上污染事件或者违反本法规定的行为时，应当立即向就近的依照本法规定行使海洋环境监督管理权的部门或者机构报告。

民用航空器发现海上排污或者污染事件，应当及时向就近的民用航空空中交通管制单位报告。接到报告的单位，应当立即向依照本法规定行使海洋环境监督管理权的部门或者机构通报。

第九十二条 国务院交通运输主管部门可以划定船舶污染物排放控制区。进入控制区的船舶应当符合船舶污染物排放相关控制要求。

第八章 法律责任

第九十三条 违反本法规定，有下列行为之一，由依照本法规定行使海洋环境监督管理权的部门或者机构责令改正或者责令采取限制生产、停产整治等措施，并处以罚款；情节严重的，报经有批准权的人民政府批准，责令停业、关闭：

（一）向海域排放本法禁止排放的污染物或者其他物质的；

（二）未依法取得排污许可证排放污染物的；

（三）超过标准、总量控制指标排放污染物的；

（四）通过私设暗管或者篡改、伪造监测数据，或者不正常运行污染防治设施等逃避监管的方式违法向海洋排放污染物的；

（五）违反本法有关船舶压载水和沉积物排放和管理规定的；

（六）其他未依照本法规定向海洋排放污染物、废弃物的。

有前款第一项、第二项行为之一的，处二十万元以上一百万元以下的罚款；有前款第三项行为的，处十万元以上一百万元以下的罚款；有前款第四项行为的，处十万元以上一百万元以下的罚款，情节严重的，吊销排污许可证；有前款第五项、第六项行为之一的，处一万元以上二十万元以下的罚款。个人擅自在岸滩弃置、堆放和处理生活垃圾的，按次处一百元以上一千元以下的罚款。

第九十四条 违反本法规定，有下列行为之一，由依照本法规定行使海洋环境监督管理权的部门或者机构责令改正，处以罚款：

（一）未依法公开排污信息或者弄虚作假的；

（二）因发生事故或者其他突发性事件，造成或者可能造成海洋环境污染、生态破坏事件，未按照规定通报或者报告的；

（三）未按照有关规定制定应急预案并备案，或者未按照有关规定配备应急设备、器材的；

（四）因发生事故或者其他突发性事件，造成或者可能造成海洋环境污染、生态破坏事件，未立即采取有效措施或者逃逸的；

（五）未采取必要应对措施，造成海洋生态灾害危害扩大的。

有前款第一项行为的，处二万元以上二十万元以下的罚款，拒不改正的，责令限制生产、停产整治；有前款第二项行为的，处五万元以上五十万元以下的罚款，对直接负责的主管人员和其他直接责任人员处一万元以上十万元以下的罚款，并可以暂扣或者吊销相关任职资格许可；有前款第三项行为的，处二万元以上二十万元以下的罚款；有前款第四项、第五项行为之一的，处二十万元以上二百万元以下的罚款。

第九十五条 违反本法规定，拒绝、阻挠调查和现场检查，或者在被检查时弄虚作假的，由依照本法规定行使海洋环境监督管理权的部门或者机构责令改正，处五万元以上二十万元以下的罚款；对直接负责的主管人员和其他直接责任人员处二万元以上十万元以下的罚款。

第九十六条 违反本法规定，造成珊瑚礁等海洋生态系统或者自然保护地破坏的，由依照本法规定行使海洋环境监督管理权的部门或者机构责令改正、采取补救措施，处每平方米一千元以上一万元以下的罚款。

第九十七条 违反本法规定，有下列行为之一，由依照本法规定行使海洋环境监督管理权的部门或者机构责令改正，处以罚款：

（一）占用、损害自然岸线的；

（二）在严格保护岸线范围内开采海砂的；

（三）违反本法其他关于海砂、矿产资源规定的。

有前款第一项行为的，处每米五百元以上一万元以下的罚款；有前款第二项行为的，处货值金额二倍以上二十倍以下的罚款，货值金额不足十万元的，处二十万元以上二百万元以下的罚款；有前款第三项行为的，处五万元以上五十万元以下的罚款。

第九十八条 违反本法规定，从事海水养殖活动有下列行为之一，由依照本法规定行使海洋环境监督管理权的部门或者机构责令改正，处二万元以上二十万元以下的罚款；情节严重的，报经有批准权的人民政府批准，责令停业、关闭：

（一）违反禁养区、限养区规定的；

（二）违反养殖规模、养殖密度规定的；

（三）违反投饵、投肥、药物使用规定的；

（四）未按照有关规定对养殖尾水自行监测的。

第九十九条 违反本法规定设置入海排污口的，由生态环境主管部门责令关闭或者拆除，处二万元以上十万元以下的罚款；拒不关闭或者拆除的，强制关闭、拆除，所需费用由违法者承担，处十万元以上五十万元以下的罚款；情节严重的，可以责令停产整治。

违反本法规定，设置入海排污口未备案的，由生态环境主管部门责令改正，处二万元以上十万元以下的罚款。

违反本法规定，入海排污口的责任主体未按照规定开展监控、自动监测的，由生态环境主管部门责令改正，处二万元以上十万元以下的罚款；拒不改正的，可以责令停产整治。

自然资源、渔业等部门和海事管理机构、海警机构、军队生态环境保护部门发现前三款违法行为之一的，应当通报生态环境主管部门。

第一百条 违反本法规定，经中华人民共和国管辖海域，转移危险废物的，由国家海事管理机构责令非法运输该危险废物的船舶退出中华人民共和国管辖海域，处五十万元以上五百万元以下的罚款。

第一百零一条 违反本法规定，建设单位未落实建设项目投资计划有关要求的，由生态环境主管部门责令改正，处五万元以上二十万元以下的罚款；拒不改正的，处二十万元以上一百万元以下的罚款。

违反本法规定，建设单位未依法报批或者报请重新审核环境影响报告书（表），擅自开工建设的，由生态环境主管部门或者海警机构责令其停止建设，根据违法情节和危害后果，处建设项目总投资额百分之一以上百分之五以下的罚款，并可以责令恢复原状；对建设单位直接负责的主管人员和其他直接责任人员，依法给予处分。建设单位未依法备案环境影响登记表的，由生态环境主管部门责令备案，处五万元以下的罚款。

第一百零二条 违反本法规定，在依法划定的自然保护地、重要渔业水域及其他需要特别保护的区域建设污染环境、破坏生态的工程建设项目或者从事其他活动，或者在沿海陆域新建不符合国家产业政策的生产项目的，由县级以上人民政府按照管理权限责令关闭。

违反生态环境准入清单进行生产建设活动的，由依照本法规定行使海洋环境监督管理权的部门或者机构责令停止违法行为，限期拆除并恢复原状，所需费用由违法者承担，处五十万元以上五百万元以下的罚款，对直接负责的主管人员和其他直接责任人员处五万元以上十万元以下的罚款；情节严重的，报经有批准权的人民政府批准，责令关闭。

第一百零三条 违反本法规定，环境保护设施未与主体工程同时设计、同时施工、同时投产使用的，或者环境保护设施未建成、未达到规定要求、未经验收或者经验收不合格即投入生产、使用的，由生态环境主管部门或者海警机构责令改正，处二十万元以上一百万元以下的罚款；拒不改正的，处一百万元以上二百万元以下的罚款；对直接负责的主管人员和其他责任人员处五万元以上二十万元以下的罚款；造成重大环境污染、生态破坏的，责令其停止生产、使用，或者报经有批准权的人民政府批准，责令关闭。

第一百零四条 违反本法规定，工程建设项目有下列行为之一，由依照本法规定行使海洋环境监督管理权的部门或者机构责令其停止违法行为、消除危害，处二十万元以上一百万元以下的罚款；情节严重的，报经有批准权的人民政府批准，责令停业、关闭：

（一）使用含超标准放射性物质或者易溶出有毒有害物质的材料的；

（二）造成领海基点及其周围环境的侵蚀、淤积、损害，或者危及领海基点稳定的。

第一百零五条 违反本法规定进行海洋油气勘探开发活动，造成海洋环境污染的，由海警机构责令改正，给予警告，并处二十万元以上一百万元以下的罚款。

第一百零六条 违反本法规定，有下列行为之一，由国务院生态环境主管部门及其海域派出机构、海事管理机构或者海警机构责令改正，处以罚款，必要时可以扣押船舶；情节严重的，报经有批准权的人民政府批准，责令停业、关闭：

（一）倾倒废弃物的船舶驶出港口未报告的；

（二）未取得倾倒许可证，向海洋倾倒废弃物的；

（三）在海上焚烧废弃物或者处置放射性废物及其他放射性物质的。

有前款第一项行为的，对违法船舶的所有人、经营人或者管理人处三千元以上三万元以下的罚款，对船长、责任船员或者其他责任人员处五百元以上五千元以下的罚款；有前款第二项行为的，处二十万元以上二百万元以下的罚款；有前款第三项行为的，处五十万元以上五百万元以下的罚款。有前款第二项、第三项行为之一，两年内受到行政处罚三次以上的，三年内不得从事废弃物海洋倾倒活动。

第一百零七条 违反本法规定，有下列行为之一，由国务院生态环境主管部门及其海域派出机构、海事管理机构或者海警机构责令改正，处以罚款，暂扣或者吊销倾倒许可证，必要时可以扣押船舶；情节严重的，报经有批准权的人民政府批准，责令停业、关闭：

（一）未按照国家规定报告倾倒情况的；

（二）未按照国家规定安装使用海洋倾废在线监控设备的；

（三）获准倾倒废弃物的单位未依照本法规定委托实施废弃物海洋倾倒作业或者未依照本法规定监督实施的；

（四）未按照倾倒许可证的规定倾倒废弃物的。

有前款第一项行为的，按次处五千元以上二万元以下的罚款；有前款第二项行为的，处二万元以上二十万元以下的罚款；有前款第三项行为的，处三万元以上三十万元以下的罚款；有前款第四项行为的，处二十万元以上一百万元以下的罚款，被吊销倾倒许可证的，三年内不得从事废弃物海洋倾倒活动。

以提供虚假申请材料、欺骗、贿赂等不正当手段申请取得倾倒许可证的，由国务院生态环境主管部门及其海域派出机构依法撤销倾倒许可证，并处二十万元以上五十万元以下的罚款；三年内不得再次申请倾倒许可证。

第一百零八条 违反本法规定，将中华人民共和国境外废弃物运进中华人民共和国管辖海域倾倒的，由海警机构责令改正，根据造成或者可能造成的危害后果，处五十万元以上五百万元以下的罚款。

第一百零九条 违反本法规定，有下列行为之一，由依照本法规定行使海洋环境监督管理权的部门或者机构责令改正，处以罚款：

（一）港口、码头、装卸站、船舶修造拆解单位未按照规定配备或者有效运行船舶污染物、废弃物接收设施，或者船舶的结构、配备的防污设备和器材不符合国家防污规定或者未经检验合格的；

（二）从事船舶污染物、废弃物接收和船舶清舱、洗舱作业活动，不具备相应接收处理能力的；

（三）从事船舶拆解、旧船改装、打捞和其他水

上、水下施工作业,造成海洋环境污染损害的;

(四)采取冲滩方式进行船舶拆解作业的。

有前款第一项、第二项行为之一的,处二万元以上三十万元以下的罚款;有前款第三项行为的,处五万元以上二十万元以下的罚款;有前款第四项行为的,处十万元以上一百万元以下的罚款。

第一百一十条 违反本法规定,有下列行为之一,由依照本法规定行使海洋环境监督管理权的部门或者机构责令改正,处以罚款:

(一)未在船上备有有害材料清单,未在船舶建造、营运和维修过程中持续更新有害材料清单,或者未在船舶拆解前将有害材料清单提供给从事船舶拆解单位的;

(二)船舶未持有防污证书、防污文书,或者不按照规定监测、监控,如实记载和保存船舶污染物、压载水和沉积物的排放及操作记录的;

(三)船舶采取措施提高能效水平未达到有关规定的;

(四)进入控制区的船舶不符合船舶污染物排放相关控制要求的;

(五)具备岸电供应能力的港口经营人、岸电供电企业未按照国家规定为具备岸电使用条件的船舶提供岸电的;

(六)具备岸电使用条件的船舶靠港,不按照国家规定使用岸电的。

有前款第一项行为的，处二万元以下的罚款；有前款第二项行为的，处十万元以下的罚款；有前款第三项行为的，处一万元以上十万元以下的罚款；有前款第四项行为的，处三万元以上三十万元以下的罚款；有前款第五项、第六项行为之一的，处一万元以上十万元以下的罚款，情节严重的，处十万元以上五十万元以下的罚款。

第一百一十一条 违反本法规定，有下列行为之一，由依照本法规定行使海洋环境监督管理权的部门或者机构责令改正，处以罚款：

（一）拒报或者谎报船舶载运污染危害性货物申报事项的；

（二）托运人未将托运的污染危害性货物的正式名称、污染危害性以及应当采取的防护措施如实告知承运人的；

（三）托运人交付承运人的污染危害性货物的单证、包装、标志、数量限制不符合对所交付货物的有关规定的；

（四）托运人在托运的普通货物中夹带污染危害性货物或者将污染危害性货物谎报为普通货物的；

（五）需要船舶载运污染危害性不明的货物，未按照有关规定事先进行评估的。

有前款第一项行为的，处五万元以下的罚款；有前款第二项行为的，处五万元以上十万元以下的罚款；有前款第三项、第五项行为之一的，处二万元以上十万元以下的罚款；有前款第四项行为的，处十万元以上二十万元以下的罚款。

第一百一十二条 违反本法规定，有下列行为之一，由依照本法规定行使海洋环境监督管理权的部门或者机构责令改正，处一万元以上五万元以下的罚款：

（一）载运具有污染危害性货物的船舶未经许可进出港口或者装卸作业的；

（二）装卸油类及有毒有害货物的作业，船岸双方未遵守安全防污操作规程的；

（三）船舶进行散装液体污染危害性货物的过驳作业，未编制作业方案或者未按照有关规定报经批准的。

第一百一十三条 企业事业单位和其他生产经营者违反本法规定向海域排放、倾倒、处置污染物、废弃物或者其他物质，受到罚款处罚，被责令改正的，依法作出处罚决定的部门或者机构应当组织复查，发现其继续实施该违法行为或者拒绝、阻挠复查的，依照《中华人民共和国环境保护法》的规定按日连续处罚。

第一百一十四条 对污染海洋环境、破坏海洋生态，造成他人损害的，依照《中华人民共和国民法典》等法律的规定承担民事责任。

对污染海洋环境、破坏海洋生态，给国家造成重大损失的，由依照本法规定行使海洋环境监督管理权的部门代表国家对责任者提出损害赔偿要求。

前款规定的部门不提起诉讼的，人民检察院可以向人民法院提起诉讼。前款规定的部门提起诉讼的，人民检察院可以支持起诉。

第一百一十五条 对违反本法规定，造成海洋环境污染、生态破坏事故的单位，除依法承担赔偿责任外，由依照本法规定行使海洋环境监督管理权的部门或者机构处以罚款；对直接负责的主管人员和其他直接责任人员可以处上一年度从本单位取得收入百分之五十以下的罚款；直接负责的主管人员和其他直接责任人员属于公职人员的，依法给予处分。

对造成一般或者较大海洋环境污染、生态破坏事故的，按照直接损失的百分之二十计算罚款；对造成重大或者特大海洋环境污染、生态破坏事故的，按照直接损失的百分之三十计算罚款。

第一百一十六条 完全属于下列情形之一，经过及时采取合理措施，仍然不能避免对海洋环境造成污染损害的，造成污染损害的有关责任者免予承担责任：

（一）战争；

（二）不可抗拒的自然灾害；

（三）负责灯塔或者其他助航设备的主管部门，在执行职责时的疏忽，或者其他过失行为。

第一百一十七条 未依照本法规定缴纳倾倒费的，由国务院生态环境主管部门及其海域派出机构责令限期缴纳；逾期拒不缴纳的，处应缴纳倾倒费数额一倍以上三倍以下的罚款，并可以报经有批准权的人民政府批准，责令停业、关闭。

第一百一十八条　海洋环境监督管理人员滥用职权、玩忽职守、徇私舞弊，造成海洋环境污染损害、生态破坏的，依法给予处分。

第一百一十九条　违反本法规定，构成违反治安管理行为的，依法给予治安管理处罚；构成犯罪的，依法追究刑事责任。

第九章　附　则

第一百二十条　本法中下列用语的含义是：

（一）海洋环境污染损害，是指直接或者间接地把物质或者能量引入海洋环境，产生损害海洋生物资源、危害人体健康、妨害渔业和海上其他合法活动、损害海水使用素质和减损环境质量等有害影响。

（二）内水，是指我国领海基线向内陆一侧的所有海域。

（三）沿海陆域，是指与海岸相连，或者通过管道、沟渠、设施，直接或者间接向海洋排放污染物及其相关活动的一带区域。

（四）滨海湿地，是指低潮时水深不超过六米的水域及其沿岸浸湿地带，包括水深不超过六米的永久性水域、潮间带（或者洪泛地带）和沿海低地等，但是用于养殖的人工的水域和滩涂除外。

（五）陆地污染源（简称陆源），是指从陆地向海域排放污染物，造成或者可能造成海洋环境污染的场所、设施等。

（六）陆源污染物，是指由陆地污染源排放的污染物。

（七）倾倒，是指通过船舶、航空器、平台或者其他载运工具，向海洋处置废弃物和其他有害物质的行为，包括弃置船舶、航空器、平台及其辅助设施和其他浮动工具的行为。

（八）海岸线，是指多年大潮平均高潮位时海陆分界痕迹线，以国家组织开展的海岸线修测结果为准。

（九）入海河口，是指河流终端与受水体（海）相结合的地段。

（十）海洋生态灾害，是指受自然环境变化或者人为因素影响，导致一种或者多种海洋生物暴发性增殖或者高度聚集，对海洋生态系统结构和功能造成损害。

（十一）渔业水域，是指鱼虾蟹贝类的产卵场、索饵场、越冬场、洄游通道和鱼虾蟹贝藻类及其他水生动植物的养殖场。

（十二）排放，是指把污染物排入海洋的行为，包括泵出、溢出、泄出、喷出和倒出。

（十三）油类，是指任何类型的油及其炼制品。

（十四）入海排污口，是指直接或者通过管道、沟、渠等排污通道向海洋环境水体排放污水的口门，包括工业排污口、城镇污水处理厂排污口、农业排口及其他排口等类型。

（十五）油性混合物，是指任何含有油份的混合物。

（十六）海上焚烧，是指以热摧毁为目的，在海上焚烧设施上，故意焚烧废弃物或者其他物质的行为，但是船舶、平台或者其他人工构造物正常操作中所附带发生的行为除外。

第一百二十一条 涉及海洋环境监督管理的有关部门的具体职权划分，本法未作规定的，由国务院规定。

沿海县级以上地方人民政府行使海洋环境监督管理权的部门的职责，由省、自治区、直辖市人民政府根据本法及国务院有关规定确定。

第一百二十二条 军事船舶和军事用海环境保护管理办法，由国务院、中央军事委员会依照本法制定。

第一百二十三条 中华人民共和国缔结或者参加的与海洋环境保护有关的国际条约与本法有不同规定的，适用国际条约的规定；但是，中华人民共和国声明保留的条款除外。

第一百二十四条 本法自2024年1月1日起施行。

关于《中华人民共和国海洋环境保护法（修订草案）》的说明

——2022年12月27日在第十三届全国人民代表大会常务委员会第三十八次会议上

全国人大环境与资源保护委员会副主任委员　王洪尧

委员长、各位副委员长、秘书长、各位委员：

我受全国人大环境与资源保护委员会委托，就《中华人民共和国海洋环境保护法（修订草案）》作如下说明。

以习近平同志为核心的党中央高度重视海洋环境保护，将其作为生态文明建设的重要内容和海洋强国建设的重要基础。全国人大常委会坚决贯彻落实党中央决策部署，2018年对海洋环境保护法实施情况开展检查，明确提出尽快启动海洋环境保护法修改程序，2022年将海洋环境保护法修改列入立法工作计划，成立由沈跃跃、丁仲礼副委员长牵头，全国人大环资委、全国人大常委会法工委和国务院有关部门、机构共同参加的海洋环境保护法修改工作专班。工作专班和起草小组抓紧工作，遵循科学立法、民主立法、依法立法的原则，坚持问题导向，深入开展调查研究，赴福建、江苏、辽宁、浙江、山东等地开展调研，广泛听取意见建议。形成修订草案稿后，全国人大环资委发函书面征求了国务院及其有关部门、相关机构、沿海省级人大常委会和部分全国人大代表的意见。在此基础上，经反复修改完善，形成《中华人民共和国海洋环境保护法（修订草案）》。全国人大环资委召开第三十八次全体会议，审议并通过了修订草案。

一、法律修改的重要性和必要性

现行海洋环境保护法于1982年通过，1999年修订，2013年、2016年、2017年先后三次进行了修正。该法自实施以来，对海洋环境保护发挥了重要作用。海洋生态环境总体改善，局部海域生态系统服务功能明显提升，全社会海洋生态环境保护意识显著增强。但是，随着生态文明建设加快推进，海洋环境保护法已不能适应新的形势要求，亟需修改完善。

（一）修改海洋环境保护法是深入贯彻落实习近平总书记重要指示批示精神和党中央决策部署的重要举措

党的十八大以来，习近平总书记就海洋环境保护发表了一系列重要论述，多次就渤海综合治理、入海排污口监管、海水养殖和海洋垃圾污染防治、珊瑚礁保护、自然岸线和滨海湿地保护、海洋生物多样性保护等多个方面作出重要指示批示。党的十九大明确提出"坚持陆海统筹，加快建设海洋强国"，党的二十大明确要求"保护海洋生态环境，加快建设海洋强国"。贯彻落实习近平总书记重要指示批示精神和党中央重大决策部署，有必要在认真总结有关实践经验的基础上，对海洋环境保护法作出修改完善。

（二）修改海洋环境保护法是持续改善海洋生态环境质量、建设美丽中国的迫切需要

我国是海洋大国，大陆海岸线1.8万多公里、海岛岸线1.4万多公里、主张管辖海域总面积约300万平方公里。当前，我国海洋环境污染和生态退化等问题仍然突出，近岸海域水质改善尚不稳固，海洋生态退化趋势尚未得到根本遏制。海洋生态灾害多发，致灾生物种类增加、区域扩散。溢油、危化品泄漏等环境风险持续加大。与此同时，海洋生态环境保护工作存在海洋污染防治力度不足、海洋生态保护修复工作相对滞后、海洋环境监督管理制度不健全等问题。本届以来，累计有154人次的全国人大代表先后提出5件关于修改海洋环境保

护法的议案。修改海洋环境保护法，以人民对美好生活的向往为目标，贯彻落实建设美丽中国、深入打好污染防治攻坚战等要求，加快补齐制度短板，健全制度机制，有利于解决人民群众身边突出的海洋环境问题，为实现"十四五"和中长期海洋生态环境保护目标、让人民群众享受到"碧海蓝天、洁净沙滩"提供坚实的法律保障。

（三）修改海洋环境保护法是深化党和国家机构改革，推进国家治理体系和治理能力现代化的现实需要

党的十九届三中全会对深化党和国家机构改革作出全面部署，对海洋环境保护相关部门的职能作出调整和优化。目前，新一轮党和国家机构改革已全面完成。修改海洋环境保护法，有利于全面深化贯彻落实党和国家机构改革要求，总结改革取得的重大成效和宝贵经验，进一步明晰政府、企业、公众的责任，把创新成果和实践中好的做法以法律的形式确立下来，在海洋环境保护领域夯实国家治理体系和治理能力现代化的法律基础。

二、法律修改的指导思想和原则

法律修改的指导思想是，坚持以习近平新时代中国特色社会主义思想为指导，深入学习贯彻习近平生态文明思想和习近平法治思想，全面贯彻落实党中央重大决策部署，保护和改善海洋环境，建设海洋强国，促进经济社会可持续发展，实现人与自然和谐共生。

法律修改遵循以下原则：一是将习近平总书记关于

海洋环境保护的重要指示批示精神和党中央重大决策部署法律化、制度化；二是坚持问题导向，突出修法重点，根据海洋环境保护管理工作的实际需要，对标全国人大常委会 2018 年海洋环境保护法执法检查报告提出的问题，修改完善相关制度；三是坚持从实际出发，将海洋环境保护管理实践中成熟的经验上升为法律规范，同时为正在探索的制度预留空间；四是做好与相关法律的衔接，立足本法的立法目的和适用范围，聚焦海洋环境保护的重点和特殊问题，与其他法律法规的规定尽量不重复，确有必要的，做出衔接性规定。

三、法律修改的主要内容

现行海洋环境保护法共十章 97 条，修订后共九章 116 条，主要修改内容如下：

（一）关于法律总则

坚持系统观念、协同增效，贯彻落实党和国家机构改革有关部署，明确各方海洋环境保护责任。一是完善立法宗旨，增加建设海洋强国、实现人与自然和谐共生的内容。二是明确海洋环境保护应当坚持"保护优先、源头防控、陆海统筹、综合治理、公众参与、损害担责"的原则。三是进一步压实部门和地方责任。根据深化党和国家机构改革方案以及"三定"规定，调整生态环境、自然资源等有关部门的职责分工，增加海警机构等的海洋环境保护职责。同时，明确沿海县级以上地方人民政府对其管理海域的海洋环境质量负责，强化沿海地区区域协作机制。四是增加海洋环境保护科学技术研究和宣传教育等规定。

（二）关于海洋环境监督管理

加强全局性谋划，注重综合治理，抓重点、补短板、强弱项、防风险，完善关键制度机制。一是强化海洋生态环境保护规划的引导作用，同时规定全国海洋生态环境保护规划应当与全国国土空间规划相衔接。二是规定生态环境分区管控，将近岸海域纳入生态环境分区管控方案和生态环境准入清单。三是充分吸收渤海综合治理攻坚战经验，规定重点海域综合治理制度，协同推进美丽海湾建设。四是修改完善重点海域排污总量控制制度与"区域限批"制度，增加排污许可管理规定。按照国家改革要求，通过实施排污许可制，落实企事业单位和其他生产经营者直接向重点海域排放重点污染物的总量控制要求。五是优化海洋环境标准和监测调查体系，增加开展海洋生态环境质量状况调查、海洋资源调查、海洋生态预警监测等规定。六是加强海洋环境管理信息共享，提高海洋环境保护综合管理水平。七是强化海洋突发环境事件防范和应急处置，增加有关部门和机构查封、扣押船舶、设施、设备、物品的规定。八是增加海洋环保信用评价与应用规定，将相关信用记录纳入全国公共信用信息共享平台。

（三）关于海洋生态保护

坚持生态优先，强化重要区域、重点领域等的海洋生态保护工作。一是按照自然保护地体系建设总体要求，修改涉海自然保护地划定与分类标准的规定。二是完善海洋生态保护补偿制度，加大对海洋生态保护地区的财政转移支付力度。三是增加保护重要海洋生态系统、生物物种、生物遗传资源的规定，维护海洋生物多样性。四是强化海岸线保护，建立健全自然岸线控制制度，明确严格保护岸线的范围，增加海岸线分类保护与利用、因地制宜划定海岸建筑退缩线等规定。五是加强海洋生态保护修复与监管，增加重要入海河流生态流量管控、入海河口保护等规定，细化生态修复相关要求，明确修复与成效监督评估职责，增加海洋生态灾害防治规定。六是强化海水养殖污染防治，加强对养殖区域、养殖规模、养殖垃圾、养殖污染物排放等的管理。

（四）关于防治陆源污染物对海洋环境的污染损害

坚持陆海统筹，针对近岸海域突出环境问题，以入海排污口、入海污染物排放、海洋垃圾等为管控重点，加强陆源污染防治。一是根据国家入河入海排污口监督管理要求，优化入海排污口设置，强化入海排污口监管，明确各类入海排污口的排查整治和日常监督管理，增加入海排污口信息平台建设的规定。二是增加经开放式沟（渠）向海洋排放污染物，按照国家和地方的有关规定、标准实施水环境质量管理的规定。三是加强对放射性废水排放以及敏感区域高盐废水排放的管控。四是加强海洋垃圾污染防治，做好与固体废物污染环境防治法的衔接,从严防控岸滩固体废物,明确沿海县级以上地方人民政府负责其管理海域的海洋垃圾污染防治,建立海洋垃圾清理制度。

(五)关于防治海岸工程和海洋工程建设项目对海洋环境的污染损害

加强海岸工程与海洋工程建设项目海洋环境一体化保护,统筹污染防治、生态保护与沿海产业结构调整。一是将现行法第五章"防治海岸工程建设项目对海洋环境的污染损害"和第六章"防治海洋工程建设项目对海洋环境的污染损害"合并为一章,统一海岸工程与海洋工程建设项目海洋环境保护要求,做好与环境影响评价法等法律法规的衔接,优化建设项目准入与布局,修改建设项目环境影响评价与环境保护相关规定。二是完善建设项目生态保护要求,明确建设项目应当避免或者减轻对海洋生物的影响,增加建设项目不得造成领海基点及其周围环境的侵蚀、淤积和损害等规定。三是加强海砂开采监管,明确禁止在严格保护岸线范围内开采海砂,增加载运海砂资源应当持有合法来源证明的规定。

(六)关于防治倾倒废弃物对海洋环境的污染损害

针对海洋倾废存在的突出问题,结合国内实践经验与国际履约成果,完善审批与管理体制,加大监管力度。一是加强废弃物海洋倾倒管理,增加产生废弃物的单位申请海洋倾倒许可,出具废弃物特性和成分检验报告的规定,优化倾倒许可审批层级,鼓励疏浚物等废弃物的综合利用。二是适应管理实践需要，明确由国务院生态环境主管部门制定可以向海洋倾倒的废弃物名录和放射性物质豁免浓度，增加编制全国海洋倾倒区规划、根据全国海洋倾倒区规划选划海洋倾倒区并向社会公告、开展海洋倾倒区状况评估等规定，完善倾倒作业的监控与报告要求。三是增加委托他人实施倾倒作业的具体管控规定，明确获准倾倒单位应当与造成环境污染和生态破坏的受托单位承担连带责任。

（七）关于防治船舶及有关作业活动对海洋环境的污染损害

加大船舶及有关作业活动的污染防治力度，推动发展绿色低碳航运。一是增加船舶压载水和沉积物排放管控规定，严格防控引入外来有害生物。二是增加托运人交付船舶载运污染危害性货物，应当将货物的正式名称、污染危害性、应急响应指南、装卸作业要求如实告知承运人的规定。三是明确有关地方人民政府统筹规划建设船舶污染物等的接收、转运和处理处置设施，负责渔港等区域污染防治的监督管理。四是增加船舶拆解污染防治相关规定，禁止冲滩拆解。五是增加倡导绿色低碳航运、鼓励使用新能源或者清洁能源、淘汰高耗能高排放老旧船舶，以及建设、改造、使用港口岸电设施和船舶受电设施等规定。六是增加船舶污染物排放控制区规定，明确进入控制区的船舶应当符合船舶污染物排放相关控制要求。

此外，修订草案进一步完善法律责任，规定国务院、中央军委依照本法制定军事船舶和军事用海环境保护管理办法，并对部分条款的顺序及文字作了调整修改。

修订草案及以上说明是否妥当，请审议。

全国人民代表大会宪法和法律委员会关于《中华人民共和国海洋环境保护法(修订草案)》修改情况的汇报

全国人民代表大会常务委员会：

我国是海洋大国，以习近平同志为核心的党中央高度重视海洋环境保护，将其作为生态文明建设的重要内容和海洋强国建设的重要基础。为了贯彻落实习近平总书记关于海洋环境保护的重要讲话、指示批示精神和党中央决策部署，十三届全国人大环境与资源保护委员会牵头组织起草了海洋环境保护法修订草案。修订草案包括总则、海洋环境监督管理、海洋生态保护、防治陆源污染物对海洋环境的污染损害、防治海岸工程和海洋工程建设项目对海洋环境的污染损害、防治倾倒废弃物对海洋环境的污染损害、防治船舶及有关作业活动对海洋环境的污染损害、法律责任、附则，共9章116条。2022年12月，十三届全国人大常委会第三十八次会议对修订草案进行了初次审议。

　　会后，法制工作委员会将修订草案印发部分全国人大代表、中央有关部门、有关单位、地方人大和基层立法联系点征求意见；在中国人大网全文公布修订草案，征求社会公众意见。宪法和法律委员会、环境与资源保护委员会、法制工作委员会召开座谈会，听取部分全国人大代表、中央有关部门、有关企业事业单位和专家意见。宪法和法律委员会、法制工作委员会赴山东、浙江调研，了解情况、听取意见，并就修订草案中的主要问题与有关方面交换意见、共同研究。宪法和法律委员会于2023年6月2日召开会议，根据常委会组成人员审议意见和各方面意见，对修订草案进行了逐条审议。环境与资源保护委员会、司法部、自然资源部、生态环境部有关负责同志列席了会议。6月19日，宪法和法律委员会召开会议，再次进行了审议。现将海洋环境保护法修订草案主要问题修改情况汇报如下：

　　一、有的地方和社会公众建议将维护国家海洋权益、推进生态文明建设写入立法目的。有的专家建议在海洋环境保护的原则中增加"预防为主"。宪法和法律委员会经研究，建议采纳这些意见。

　　二、有的常委委员、部门、地方和社会公众建议压实政府及其有关部门责任，增加目标责任制和考核评价制度、约谈制度。宪法和法律委员会经研究，建议增加规定：一是国家实行海洋环境保护目标责任制和考核评价制度，将海洋环境保护目标完成情况纳入考核评价的内容。二是对未完成海洋环境保护目标的海域，约谈该地区人民政府及其有关部门的主要负责人，要求其采取有效措施及时整改，约谈和整改情况应当向社会公开。

三、有的常委委员、代表、部门、地方和社会公众建议加强陆海统筹的海洋环境监督管理制度建设，健全排污许可管理、环境保护设施验收制度。宪法和法律委员会经研究，建议作以下修改：一是增加规定各级人民政府及其有关部门应当按照陆海统筹的原则，加强规划、标准、监测等监督管理制度的衔接协调。二是明确直接向海洋排放工业废水、医疗污水的海岸工程和海洋工程单位，城镇污水集中处理设施的运营单位及其他企业事业单位和生产经营者，应当依法取得排污许可证。三是明确实行排污许可管理的企业事业单位和其他生产经营者应当执行排污许可证关于排放污染物的种类和浓度、向重点海域排放重点污染物的总量控制、污染物排放方式和排放去向、自行监测等要求。四是增加规定建设单位应当依照有关法律法规的规定，对环境保护设施进行验收，编制验收报告，并向社会公开。

四、有的常委会组成人员、部门、地方、专家和社会公众建议加强海洋生态保护，强化生态保护红线和自然岸线管控，健全生态保护补偿制度。宪法和法律委员会经研究，建议增加规定：一是要求加强对生态保护红线内人为活动的监督管理，定期评估保护成效。二是要求采取有效措施保护海藻场、海草床等具有典型性、代表性的海洋生态系统。三是要求国务院和沿海省、自治区、直辖市人民政府通过产业扶持等方式支持开展海洋生态保护补偿。四是禁止违法占用、损害自然岸线。

五、有的常委会组成人员、部门、地方、专家和社会公众建议加强海洋环境污染防治，强化排污者责任，完善排污口监管措施，严格管控放射性废水排海，推进海洋垃圾监测，健全工程建设项目污染防治制度。宪法和法律委员会经研究，建议作以下修改：一是增加规定从事影响海洋环境活动的任何单位和个人，都应当采取有效措施，防止、减轻海洋环境污染、生态破坏。二是增加规定排污口的责任主体应当加强排污口监测，按照规定开展监控和自动监测。三是增加规定建立健全近岸水体、入海排污口、排污管线、污染源全链条治理体系。四是禁止向海域排放污染海洋环境、破坏海洋生态的放射性废水。五是明确建立海洋垃圾监测制度。六是明确工程建设项目不得违法向海洋排放污染物、废弃物及其他有害物质。

六、有的常委会组成人员、部门、地方、专家和社会公众建议完善保障措施，增加检察机关提起诉讼和支持诉讼的内容。宪法和法律委员会经研究，建议增加规定：一是县级以上人民政府应当将海洋环境保护工作纳入国民经济和社会发展规划，按照事权和支出责任划分原则，将海洋环境保护工作所需经费纳入本级政府预算。二是加强海洋环境保护专业技术人才培养，鼓励、支持海洋环境保护国际交流与合作。三是对污染海洋环境、破坏海洋生态，给国家造成重大损失的，依照本法规定行使海洋环境监督管理权的部门不提起诉讼的，人民检察院可以向人民法院提起诉讼；依照本法规定行使海洋环境监督管理权的部门提起诉讼的，人民检察院可以支持起诉。

七、有的常委委员、部门、地方和社会公众建议强化公众参与。宪法和法律委员会经研究，建议增加规定：一是引导公众依法参与海洋环境保护工作。二是制定海洋环境质量标准应当征求有关部门、行业协会、企业事业单位、专家和公众等的意见，提高海洋环境质量标准的科学性。三是要求沿海县级以上地方人民政府采取有效措施，鼓励、支持公众参与海洋垃圾污染防治相关活动。

八、有的部门、地方、专家和社会公众建议推进本法域外适用。宪法和法律委员会经研究，建议增加规定：在中华人民共和国管辖海域以外，造成或者可能造成中华人民共和国管辖海域污染、生态破坏的，有关部门和机构有权采取必要的措施。

此外，还对修订草案作了一些文字修改。

修订草案二次审议稿已按上述意见作了修改，宪法和法律委员会建议提请本次常委会会议继续审议。

修订草案二次审议稿和以上汇报是否妥当，请审议。

全国人民代表大会宪法和法律委员会
2023 年 6 月 26 日

全国人民代表大会宪法和法律委员会关于《中华人民共和国海洋环境保护法(修订草案)》审议结果的报告

全国人民代表大会常务委员会:

　　常委会第三次会议对海洋环境保护法修订草案进行了二次审议。会后,法制工作委员会在中国人大网全文公布修订草案二次审议稿,再次征求社会公众意见;通过代表工作信息化平台,向全国人大代表征求意见;召开座谈会,就相关问题听取意见。宪法和法律委员会、法制工作委员会赴广东、海南调研,了解情况、听取意见,并就修订草案中的主要问题与有关方面交换意见、共同研究。宪法和法律委员会于10月8日召开会议,根据常委会组成人员审议意见和各方面意见,对修订草案进行了逐条审议。环境与资源保护委员会、司法部、生态环境部有关负责同志列席了会议。10月13日，宪法和法律委员会召开会议，再次进行了审议。宪法和法律委员会认为，为了保护和改善海洋环境，保障生态安全和公众健康，维护国家海洋权益，建设海洋强国，推进生态文明建设，促进经济社会可持续发展，实现人与自然和谐共生，对海洋环境保护法进行修订是必要的，修订草案经过两次审议修改，已经比较成熟。同时，提出以下主要修改意见：

一、有的常委委员、代表、部门、地方、专家和社会公众建议强化陆海统筹、区域联动，加强入海河流治理，对入海河口水质管控提出明确要求，推进陆域治理海洋垃圾设施建设。宪法和法律委员会经研究，建议增加规定：一是国家实施陆海统筹、区域联动的海洋环境监督管理制度。二是协同推进入海河流污染防治，使入海河口的水质符合入海河口环境质量相关要求。三是统筹规划建设陆域接收、转运、处理海洋垃圾设施。

二、有的常委委员、代表、部门、地方和社会公众建议完善监测和环境影响评价制度，增加表彰奖励，加强海洋环境监督和保障，提升海洋环境监督管理能力。宪法和法律委员会经研究，建议增加规定：一是加强海洋环境监督管理能力建设，提高海洋环境监督管理科技化、信息化水平。二是推进综合监测、协同监测和常态化监测。三是组织编制的国土空间规划和相关规划，应当依法进行包括海洋环境保护内容在内的环境影响评价。四是对在海洋环境保护工作中做出显著成绩的单位和个人，按照国家有关规定给予表彰和奖励。

三、有的常委会组成人员、代表、地方和社会公众建议加强海洋生物多样性保护，科学开展海洋生态修复，强化海洋垃圾污染防治的监督指导和保障。宪法和法律委员会经研究，建议增加规定：一是国家加强海洋生物多样性保护，健全海洋生物多样性调查、监测、评估和保护体系，维护和修复重要海洋生态廊道，防止对海洋生物多样性的破坏。二是编制海洋生态修复规划，应当进行科学论证评估。三是国务院生态环境、住房和城乡建设、发展改革等部门应当按照职责分工加强海洋垃圾污染防治的监督指导和保障。

四、生态环境部和有的地方、专家、社会公众建议完善海域排污许可控制制度，强化海洋环境质量和污染物排放相关管控要求。宪法和法律委员会经研究，建议作以下修改：一是明确国家加强海洋环境质量管控，推进海域综合治理，严格海域排污许可管理，提升重点海域海洋环境质量。二是规定实行排污许可管理的企业事业单位和其他生产经营者应当执行排污许可证关于排放污染物的排放量的限制要求。三是增加规定入海河流流域省、自治区、直辖市人民政府应当按照国家有关规定，加强入海总氮、总磷排放的管控，制定控制方案并组织实施。

五、有的常委会组成人员、代表、部门、地方、专家和社会公众建议进一步加强海洋辐射环境监测和管控放射性物质海上处置活动。宪法和法律委员会经研究，建议作以下修改：一是增加规定国家加强海洋辐射环境监测，国务院生态环境主管部门负责制定海洋辐射环境应急监测方案并组织实施。二是禁止在海上处置污染海洋环境、破坏海洋生态的放射性废物或者其他放射性物质。

六、有的常委委员、代表、部门、地方和社会公众建议完善法律责任规定。宪法和法律委员会经研究，建议作以下修改：一是对设置入海排污口未备案、未按照规定开展排污口监测、船舶采取措施提高能效水平未达到有关规定、进入控制区的船舶不符合船舶污染物排放的相关控制要求等违法行为，增加规定法律责任。二是对个人擅自在岸滩弃置和堆放以及处理生活垃圾、造成海洋生态系统及自然保护地破坏、采取冲滩方式进行船舶拆解作业等违法行为，加大处罚力度。三是体现过罚相当，做好法律衔接，对部分条款进行调整简化。

此外，还对修订草案二次审议稿作了一些文字修改。

10月10日，法制工作委员会召开会议，邀请全国人大代表、地方政府有关部门、海警机构、海事管理机构、企业、专家等就修订草案中主要制度规范的可行性、出台时机、实施的社会效果和可能出现的问题等进行评估。与会人员一致认为，海洋环境保护是生态文明建设的重要内容和海洋强国建设的重要基础，修改海洋环境保护法，强化海洋环境保护法治保障，很有必要。修订草案深入贯彻落实习近平生态文明思想和党中央有关决策部署，坚持问题导向，总结实践经验，强化海域排污综合治理，加强海洋生态系统和生物多样性保护，推进美丽海湾建设，建立健全陆海统筹的管理机制，有许多创新和务实管用的举措，制度规范可行，将产生良好的社会效果。修订草案经过多次修改完善，充分吸收了各方面意见，已经比较成熟，建议尽快审议通过，尽早颁布实施。与会人员还对修订草案提出了一些具体修改意见，宪法和法律委员会进行了认真研究，对有的意见予以采纳。

修订草案三次审议稿已按上述意见作了修改，宪法和法律委员会建议提请本次常委会会议审议通过。

修订草案三次审议稿和以上报告是否妥当，请审议。

全国人民代表大会宪法和法律委员会
2023 年 10 月 20 日

全国人民代表大会宪法和法律委员会关于《中华人民共和国海洋环境保护法（修订草案三次审议稿）》修改意见的报告

全国人民代表大会常务委员会：

本次常委会会议于 10 月 20 日下午对海洋环境保护法修订草案三次审议稿进行了分组审议。普遍认为，修订草案已经比较成熟，建议进一步修改后，提请本次常委会会议表决通过。同时，有些常委会组成人员和列席人员还提出了一些修改意见和建议。宪法和法律委员会于 10 月 21 日下午召开会议，逐条研究了常委会组成人员和列席人员的审议意见，对修订草案进行了审议。环境与资源保护委员会、司法部、生态环境部有关负责同志列席了会议。宪法和法律委员会认为，修订草案是可行的，同时，提出以下修改意见：

一、有的常委委员、列席人员和地方建议明确海洋生态保护总体要求。宪法和法律委员会经研究，建议增加规定：国家加强海洋生态保护，提升海洋生态系统质量和多样性、稳定性、持续性。

二、有的常委委员和地方提出，修订草案三次审议稿规定了排放养殖尾水应当符合标准和自行监测的要求，建议政府也要加强监管。宪法和法律委员会经研究，建议增加规定：加强养殖尾水污染防治的监督管理。

三、有的常委委员和地方建议加大对违法向海洋倾倒废弃物的处罚力度。宪法和法律委员会经研究，建议提高未取得倾倒许可证和违法委托向海洋倾倒废弃物的罚款数额。

在常委会审议中，有的常委会组成人员和列席人员还就进一步加强海洋环境污染防治、细化手段措施、调整有关表述等提出了一些好的意见和建议。宪法和法律委员会经研究认为，有的内容本法和相关法律已有规定，有的内容可在有关法规、规章、标准中予以细化，有的表述是与有关国际条约相衔接、约定俗成的。有的常委会组成人员还建议加快完善配套规定，加强法律宣传普及，加大法律实施力度。宪法和法律委员会建议国务院及其有关部门、有关机构和地方尽快制定、修改配套规定，推动法律规定的各项制度落实，扎实做好法律宣传，增强全社会海洋环境保护意识，切实抓好法律贯彻实施，共同保护好海洋环境。

经与有关部门研究，建议将修订后的海洋环境保护法的施行时间确定为 2024 年 1 月 1 日。

此外，根据常委会组成人员的审议意见，还对修订草案三次审议稿作了一些文字修改。

修订草案修改稿已按上述意见作了修改，宪法和法律委员会建议本次常委会会议审议通过。

修订草案修改稿和以上报告是否妥当，请审议。

全国人民代表大会宪法和法律委员会
2023 年 10 月 24 日